À ma maman,
grâce à qui j'ai attrapé le virus des livres :
tu es avec moi à chaque fois que j'écris ou que je lis,
derrière chaque mot, derrière chaque page.
C. D.

Correction : Charles Vitse

1, rond-point du Général-Eisenhower, 31101 Toulouse Cedex 9, France
editionsmilan.com

Dépôt légal : juin 2024 • ISBN : 978-2-408-03983-7
Achevé d'imprimer au 2e trimestre 2024 par Polygraf en Slovaquie
Plus d'informations sur la fabrication de nos livres :
editionsmilan.com/comment-fabriquons-nous-nos-livres

MIXTE
Papier | Pour une gestion forestière responsable
FSC® C023577
www.fsc.org

Tu vides tes étagères et connais déjà ce livre par cœur ? Donne- e

MESSAGE REÇU !

Quand les animaux communiquent

Texte de Charlotte Duranton et Agatha Liévin-Bazin
Illustrations de Nicolas Galkowski

milan

COMMENT COMMUNIQUE-T-ON ?

La communication est essentielle chez tous les êtres vivants. **Communiquer**, c'est échanger des **informations**, en envoyant un signal (une image, un son…) à d'autres individus.

Toutes les espèces d'animaux, humains compris, communiquent avec leurs propres codes. C'est ce qu'on appelle le « **monde propre** ». Chaque animal perçoit le monde à sa manière, ce qui influence sa communication.

Le **langage** est un bon exemple de communication. Quand Tom dit « bonjour », il envoie un signal. Quand Lou l'entend, elle reçoit le message et peut lui répondre. Ils se parlent. Mais il existe d'autres façons de communiquer… Découvrons-les !

Sais-tu que l'on utilise les sens pour communiquer ?

*Communication **visuelle** : la vue. Lou bouge la tête de haut en bas pour dire « oui » : elle montre à Tom qu'elle accepte de jouer.*

*Communication **sonore** : l'ouïe. Quand Lou et Tom parlent, ils s'échangent plein d'informations ! S'ils rient, ils expriment leur joie.*

*Communication **chimique** : l'odorat et le goût. Si Tom et Lou transpirent après avoir fait du sport ou à cause de la fièvre, leur odeur ne sera pas la même. S'ils mordent dans une pomme pourrie, le mauvais goût les dissuadera de la manger.*

*Communication **tactile** : le toucher. Si Tom est triste, Lou peut le prendre dans ses bras pour le réconforter.*

Grâce à ces signaux, on envoie des informations sur notre identité, notre santé, mais aussi nos émotions !

QUE SE RACONTENT LES ANIMAUX ?

Les animaux communiquent beaucoup par les **sons** :
les humains utilisent surtout la **parole**, mais ils peuvent aussi **chanter** et **crier**, comme le font d'autres espèces.

À chacune sa manière de **s'exprimer** :
le moineau chante (tchip, tchip), le cheval hennit (hiii hiii), la vache meugle (meuuuh)... Même s'ils ne formulent pas de phrases comme nous, les autres animaux ont des choses à dire !

Comme Tom et Lou, les autres animaux utilisent tous leurs sens pour communiquer. Avec leur **vision**, les moineaux se reconnaissent à la couleur de leur plumage : les mâles ont du noir sur la tête, mais pas les femelles.

Grâce aux **odeurs**, les fourmis en file indienne indiquent aux autres le bon chemin pour aller de leur fourmilière à ce trognon de pomme. Elles déposent sur le sol des phéromones, des substances chimiques pleines d'informations, qui forment une piste pour guider leurs congénères jusqu'à la nourriture. Elles se touchent aussi du bout des antennes pour échanger.

EN VILLE, ÇA FOURMILLE !

Les voitures et le béton ont pris beaucoup de place dans nos paysages, mais la nature est bien là : de nombreux animaux vivent parmi nous !

S'il fait chaud, tu entends les grillons communiquer. Les mâles **stridulent** : ils frottent leurs **élytres** (les « carapaces » qui recouvrent leurs ailes) entre eux pour attirer l'attention des femelles.

À l'ombre, ces ratons sont léchés par leur mère. En plus d'un bon nettoyage, c'est surtout un moment de **communication tactile** qui les rapproche.

Le pigeon est si présent en ville
que tu ne fais sûrement pas attention à lui.
Pourtant, sa communication est très riche !

Les plumes de son cou **réfléchissent la lumière**, ce qui attire l'attention et montre aux autres pigeons qu'il est en bonne santé. Il peut aussi se faire plus gros pour intimider ses congénères.

À la saison des amours, le mâle gonfle son **jabot**, roucoule et écarte les plumes de sa queue pour séduire la femelle.

Le toucher est aussi très important. Les poussins tapotent le bec de leurs parents pour être nourris, et les adultes se toilettent l'un l'autre pour se montrer qu'ils se font confiance.

LES DÉFIS DE LA VILLE

En ville, les moteurs vrombissent, les klaxons retentissent… Les oiseaux ont bien plus de mal à communiquer avec tout ce vacarme que dans le calme de la campagne. Ils changent leur manière de chanter pour se faire entendre !

Ils doivent chanter beaucoup **plus fort et plus tôt**, ce qui les fatigue ! Les femelles ne perçoivent plus les mélodies que produisent les mâles pour les séduire, et les parents entendent moins leurs petits qui les appellent. D'autres **n'arrivent plus à repérer** les prédateurs : ils se font attaquer plus facilement, et certaines espèces disparaissent peu à peu.

Les pots d'échappement des voitures produisent des gaz (comme l'ozone) qui **modifient la perception** des insectes pollinisateurs : ils n'arrivent plus à sentir les plantes dont ils se nourrissent.

La lumière des lampadaires et des magasins, trop forte, **perturbe** aussi de nombreux animaux. Certains oiseaux, comme les merles, se mettent à chanter en pleine nuit à cause des rues éclairées le soir : leur corps croit que c'est le lever du jour !

De nombreux insectes qui s'orientent avec la lumière naturelle, comme les papillons de nuit, **sont éblouis** par les éclairages artificiels et se perdent. Certaines chenilles deviennent plus rares la nuit à cause de nos lumières, car elles sont plus facilement repérables par les prédateurs.

À LA MAISON, ON RESSERRE LES LIENS

« À table ! » Lou profite du repas pour raconter sa journée à ses parents. Ce moment lui permet d'expliquer ce qu'elle ressent.

Bien communiquer chez soi est essentiel pour **bien s'entendre**. Cela est valable pour toi, mais aussi pour tous les animaux avec qui tu partages ta maison !

Ce chaton qui se fait lécher par sa mère est détendu, il ronronne. Il se sent bien ! Ainsi rassuré, il part explorer le salon en toute confiance.

Avant d'aller au lit, Tom aimerait câliner son chien, mais ce dernier n'en a pas envie. La queue entre les jambes et les oreilles plaquées sur la tête, il montre qu'il est mal à l'aise.

Tom va alors se blottir contre son père qui lui lit une histoire. Pendant ce temps, le chien va retrouver son amie qui l'invite à jouer grâce à une **posture d'appel au jeu**. Les pattes avant pliées, la gueule entrouverte, les fesses en l'air et la queue qui bat : c'est facile à comprendre !

EN AUTOMNE, C'EST L'EFFERVESCENCE DANS LA FORÊT

Tom et Lou adorent se promener dans la forêt à cette saison. Elle a l'air calme, mais il s'y passe plein de choses !

C'est la période de reproduction des cerfs, le **rut**. Quand il pousse son cri, le brame, ce mâle donne des informations sur lui : où il se trouve, son âge, son poids… Il sent aussi l'urine (le pipi) des femelles pour savoir si elles sont prêtes à s'accoupler.

Quand il se déplace, le renard indique son passage récent aux autres animaux en diffusant des odeurs par les coussinets situés sous ses pattes et par la **glande violette** située sur sa queue. Celle-ci sent comme la fleur, en beaucoup plus fort, et donne un parfum particulier à cet animal !

Ces deux chevreuils se toilettent mutuellement. Grâce à ce contact, ils ne font pas que se gratter : ils créent un lien et montrent qu'ils **se font confiance**. Ils peuvent alors compter l'un sur l'autre. Par exemple, ils s'entraident et se préviennent de l'arrivée d'un danger en ébouriffant les poils blancs situés sur leurs fesses !

À l'approche de l'hiver, les coccinelles se regroupent pour se tenir chaud et s'accoupler grâce à l'odeur d'une **phéromone** qui leur permet de se retrouver et de savoir qui est en âge de se reproduire.

EN HIVER, LA MONTAGNE RÉSONNE

Dans le massif des Alpes, les animaux s'adaptent aux grands espaces en communiquant à distance. Ils voient et s'entendent de loin !

Les vautours planent très haut dans le ciel et repèrent la nourriture grâce à leur **excellente vue**. Quand l'un d'eux a trouvé des carcasses à manger, tous les autres le suivent. Bon appétit !

Quand ils sont dérangés, les chamois soufflent fort par le nez ! Ce bruit strident **donne l'alerte** aux autres et leur permet d'échapper aux prédateurs.

Difficile de voir le lynx à travers les sapins, mais on peut parfois l'entendre ! La mère appelle ses petits et les adultes s'attirent en émettant des **cris aigus**. Ils délimitent leur territoire en griffant les troncs qui le bordent.

Les loups sont des experts de la communication à distance. Lorsque l'un d'eux se retrouve isolé, il lève la tête et hurle : les autres membres du groupe lui répondent en hurlant également. Ils gardent ainsi le contact. Les loups communiquent aussi **entre groupes différents** : ils hurlent pour se localiser et empêcher des concurrents d'entrer sur leur territoire.

Bien à l'abri dans leur terrier et serrées les unes contre les autres pour se tenir chaud, les marmottes hibernent ! Même si elles dorment, leur **proximité** renforce leurs liens.

AU PRINTEMPS, LES CHAMPS S'ANIMENT

Les jours passent, la température augmente, les fleurs apparaissent : c'est le printemps. Beaucoup d'animaux cherchent des partenaires à cette saison.

En mars, les lièvres mâles se courent après et s'affrontent… mais les femelles **chassent** aussi les prétendants trop collants !

Au pré, l'étalon fait le **flehmen**, une grimace qui lui permet de récolter les odeurs et de savoir si les juments sont prêtes à s'accoupler. Même s'il a l'air de rigoler, c'est très sérieux !

Le grillon-taupe creuse une caverne sous terre, spécialement conçue pour amplifier les sons, où il **donne des concerts** pour charmer les femelles.

Chez les espèces vivipares, après une période de **gestation** (quand les bébés grandissent dans le ventre de leur mère), les femelles de nombreuses espèces donnent naissance à leurs petits. Pour assurer leur survie, la communication est importante dès le premier jour !

Par exemple, quand l'agneau sort du ventre de sa mère, celle-ci le **lèche** aussitôt. Cet échange odorant et tactile leur permet de se reconnaître et de former un lien. L'agneau pourra alors suivre sa mère au milieu du troupeau sans se tromper. S'ils se perdent, ils crient pour se retrouver !

LA DANSE DES ABEILLES

Au printemps, les abeilles s'activent ! Ce sont d'excellentes communicantes, qui se transmettent des informations de plusieurs manières.

Leurs **antennes** leur permettent de sentir, de goûter, de capter les vibrations, et donc de communiquer !

En cas d'alerte, elles redressent leur **abdomen** et battent des **ailes** pour diffuser des phéromones afin que toutes se rassemblent en sécurité dans la colonie.

Dans la ruche, la première reine qui sort de sa cellule, la « chambre » où elle a grandi, produit un cri caractéristique, son « **chant** », qui attire les ouvrières pour qu'elles viennent s'occuper d'elle.

Lorsqu'une abeille éclaireuse trouve un point d'eau ou une fleur, elle rentre à la ruche en informer les autres. Pour cela, elle **danse** !

La danse a lieu dans l'obscurité de la ruche. Les abeilles touchent et sentent la danseuse pour capter l'information, mais ne la regardent pas, contrairement à ce que l'on pourrait croire !

La « chorégraphie » varie selon la distance entre ce lieu et la ruche. L'éthologue Karl von Frisch, un spécialiste du comportement des animaux, a décrit précisément la danse des abeilles dans les années 1940.

*La **danse en cercle** informe les abeilles butineuses que le lieu est proche de la ruche.*

*La **danse « en faucille »** indique que le point de ravitaillement est un peu plus loin. L'axe des cercles montre la direction.*

*Quand la source d'alimentation est beaucoup plus loin de la ruche, l'abeille dessine un « huit » en frétillant de l'abdomen. C'est la **danse frétillante**, qui indique la direction, la distance et la quantité de nourriture disponible.*

Époustouflant, n'est-ce pas ? C'est un véritable langage !

EN ÉTÉ, LES CÔTES SONT EN ÉBULLITION

Le calme des bords de mer n'est qu'apparent : les animaux font beaucoup de bruit pour s'entendre dans cet environnement varié !

À la période des amours, le bec des macareux moines se pare de couleurs vives pour **séduire**, et les mâles poussent des grognements pour attirer les femelles. Ils utilisent aussi les odeurs pour trouver leur partenaire pour la vie !

Sur terre, ces phoques gris sont très bruyants, **grognent** beaucoup ou **battent des nageoires** pour attirer leur partenaire, et vont ensuite se reproduire dans l'eau.

À marée basse, ces bécasseaux cherchent des vers ou des crustacés dans le sable. Truu, truu ! Ils communiquent alors par de **petits cris** pour rester en contact. En cas de danger, ils s'envolent tous en même temps !

Les marsouins communs vivent en petits groupes. En cas de conflit, ils parlent avec des « **clics** » qui retentissent dans la mer, **hochent** la tête et **donnent des coups de queue** pour impressionner leurs adversaires.

Dans l'eau, les crustacés aussi font du bruit : chez la crevette-pistolet, on se défend en **claquant de la pince** ! Et si une crevette n'arrive pas à éloigner un intrus, les autres membres de la colonie viennent en renfort pour le faire fuir.

UNE VIE NOCTURNE QUI N'EST PAS DE TOUT REPOS

C'est une belle soirée d'été. La température est douce, la nuit tombe tard. Mais alors que Tom et Lou s'apprêtent à dormir, d'autres animaux, eux, se réveillent et communiquent à leur façon.

Certains oiseaux chantent la nuit. Cette chouette hulotte **hulule** pour appeler sa partenaire !

Les lucioles utilisent la lumière de leur abdomen pour s'informer. Chaque espèce de luciole a son **code lumineux** ! C'est grâce à lui que mâles et femelles se trouvent pour s'accoupler.

La nuit, certaines araignées utilisent les **vibrations** sur leurs toiles pour repérer les proies qui se prennent dedans. Quand il veut rencontrer la femelle, le mâle doit éviter de faire les mêmes mouvements, au risque de se faire manger !

La genette vit la nuit. Elle chasse dans les bois et dépose des messages odorants en **frottant ses flancs** contre un arbre ou en **s'accroupissant**. Cela donne des informations sur son identité, son territoire… Elle peut se souvenir de l'odeur d'une autre genette pendant 9 semaines.

COMMUNIQUER DANS LE NOIR

Avec ses motifs d'yeux sur les ailes, le grand paon de nuit impressionne ! C'est le plus grand papillon nocturne d'Europe. Au XIXe siècle, le naturaliste Jean-Henri Fabre a découvert que les femelles communiquent grâce à des **phéromones**, des odeurs particulières que les mâles peuvent percevoir à plusieurs kilomètres grâce à leurs antennes.

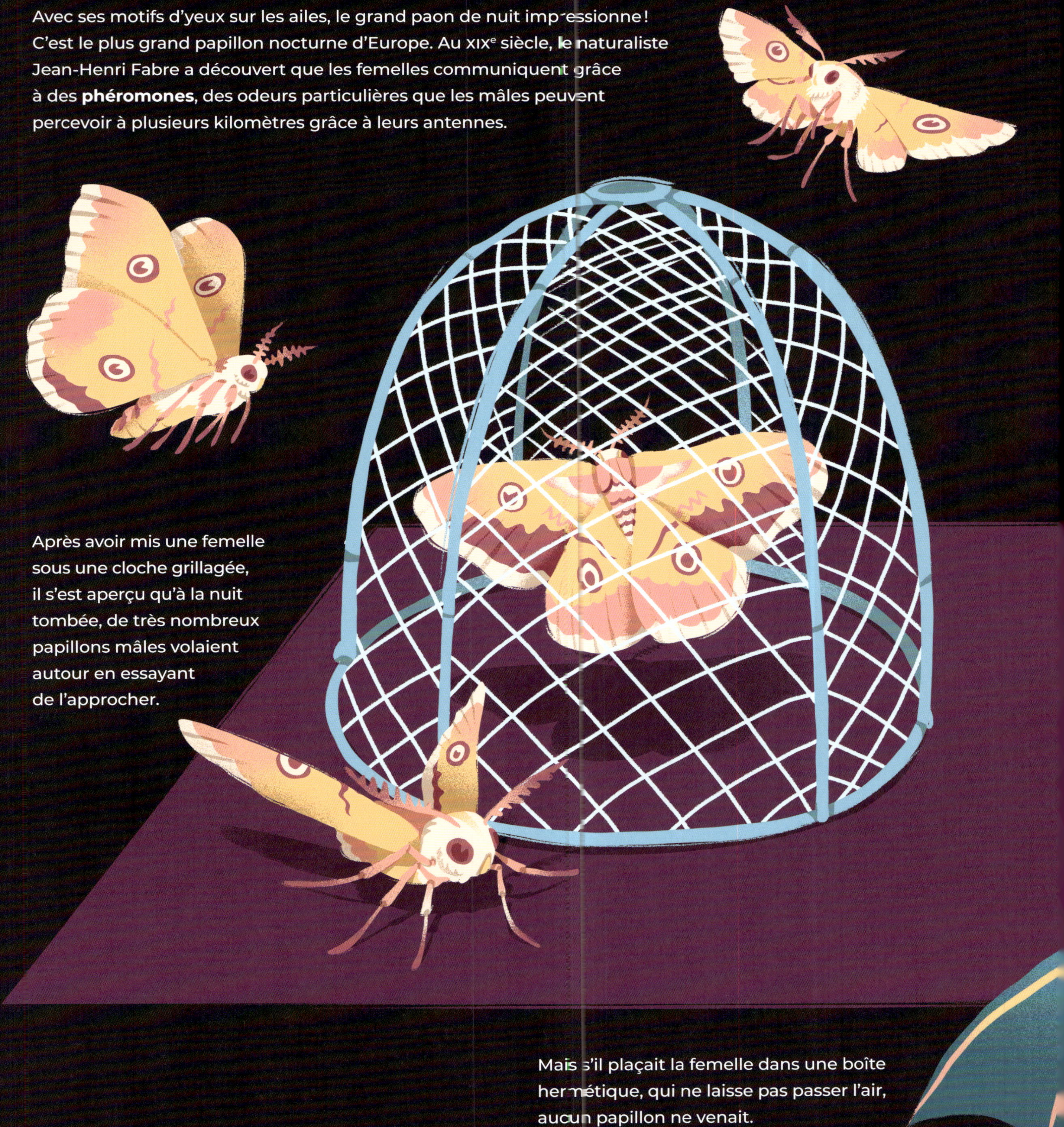

Après avoir mis une femelle sous une cloche grillagée, il s'est aperçu qu'à la nuit tombée, de très nombreux papillons mâles volaient autour en essayant de l'approcher.

Mais s'il plaçait la femelle dans une boîte hermétique, qui ne laisse pas passer l'air, aucun papillon ne venait.

Quand les chauves-souris communiquent, elles font du bruit ! Certaines d'entre elles poussent des cris différents pour parler de nourriture, du sommeil, ou pour avertir leurs voisins de rester éloignés. Elles peuvent aussi indiquer leur identité et modifier leurs intonations en fonction de l'individu avec qui elles échangent.

Ces animaux émettent aussi des **ultrasons**, des sons très aigus et inaudibles pour les humains. Les ultrasons reviennent vers elles quand elles rencontrent un obstacle : c'est l'**écholocation**. Elles peuvent ainsi évaluer la distance à laquelle se trouvent les individus autour d'elles sans même utiliser leurs yeux !

ÉCHANGES AU DÉTOUR DE LA RIVIÈRE

Au bord de la rivière, les animaux peuvent vivre sur les berges et dans l'eau.
Ils utilisent tous leurs sens pour communiquer dans ces deux milieux.

Les crottes des loutres sont entourées d'une substance brune qui sent très fort, le **musc**, qui permet de marquer leur territoire. En plus, les loutres se roulent dedans ! Ainsi, toute la famille a la même odeur, et elles peuvent se reconnaître.

Les grèbes huppés, eux, **chantent** et **dansent** en se copiant l'un l'autre. Ils se font face et se répondent. C'est une chorégraphie très précise !

Parfois appelés araignées d'eau, les gerris sont en fait des insectes qui marchent sur l'eau et frappent sa surface pour communiquer entre eux. On voit alors l'eau onduler. L'as-tu déjà remarqué ? Mais attention à leur prédateur, l'argyronète, qui respire sous l'eau en piégeant des bulles d'air dans sa toile. Elle peut les repérer grâce à ces **vibrations** et les attraper !

À la période des amours, les mâles épinoches ont le **ventre qui rougit** ! C'est un **signal** très efficace : quand deux mâles se croisent, ils se combattent.

INTERACTIONS DANS LES PROFONDEURS DE L'OCÉAN

Dans l'océan, plus on descend, moins il y a de lumière !
Les animaux doivent donc se baser sur leurs autres sens ou créer leur propre source lumineuse pour échanger entre eux

Tu as peut-être déjà entendu les chants mélodieux des baleines à bosse ? Pour plaire aux femelles, les mâles se lancent dans de véritables concerts ! Cette espèce utilise **différents cris** pour se localiser et s'informer sur les proies disponibles. On peut les entendre à dix kilomètres !

Ces drôles de limaces de mer colorées, les nudibranches, communiquent surtout avec les odeurs. Les formes étranges qu'ils ont sur la tête, les **rhinophores**, leur servent à les analyser.

La squille multicolore a des yeux exceptionnels : elle perçoit des nuances de couleurs à une vitesse incroyable, ainsi que les ultraviolets et les infrarouges, des types de lumière que nous ne pouvons pas voir ! Elle utilise son corps pour envoyer des messages aux autres grâce au reflet d'une lumière particulière, la **lumière polarisée**.

Dans les abysses, c'est le noir total ! Le calmar luciole émet sa propre lumière. On dit qu'il est **bioluminescent**. Il s'en sert pour attirer proies et partenaires, et peut même éblouir ses prédateurs avec des organes situés au bout de ses tentacules. Attention au flash !

CONVERSATIONS DANS LA SAVANE

Un son de trompette ? Non, c'est le barrissement de l'éléphant !
Allons découvrir la communication des animaux de la savane africaine !

Les éléphants produisent aussi des sons très graves, les **infrasons**, qui provoquent des vibrations dans le sol. Ils les perçoivent grâce à leurs pieds, parfois jusqu'à plusieurs kilomètres de distance. Ils sont si graves que nous, les humains, ne pouvons pas les entendre.

Avant de partir chasser, les lycaons votent **en éternuant** !
Ils ne se mettent en route que si la majorité du groupe est d'accord.

Le caméléon ne change pas de couleur pour se fondre dans le décor, mais pour **montrer ce qu'il ressent**. Ces deux mâles se battent : ils expriment de fortes émotions, leurs couleurs sont donc beaucoup plus vives que celles de cet autre caméléon qui observe la scène de loin.

Dans une même termitière, tous les termites partagent la même odeur. Ils peuvent se reconnaître et identifier les intrus. Ils se touchent également du bout des antennes pour communiquer. Et, pour sonner l'alarme, les termites **vibrent** de tout leur corps en tapant leur tête contre les murs.

Chez les rats-taupes nus qui vivent sous terre, la reine est la seule femelle à avoir des petits. Elle utilise les phéromones pour empêcher les autres de se reproduire, mais aussi pour **se faire servir** !

LA CANOPÉE TROPICALE S’ANIME

Difficile de bien voir dans la forêt tropicale de Guyane ! L’eau est souvent boueuse, et la végétation, dense... Comment font les animaux pour échanger dans ce milieu qui semble impénétrable ?

Pour se voir malgré la densité de la canopée, les aras volent souvent au-dessus des arbres. Leurs **couleurs vives** se repèrent de loin ! Comme tous les perroquets, ils communiquent surtout par les cris, qu’ils entendent à grande distance. Ils sont aussi capables d’imiter les mots humains, mais ils ne les utilisent que pour interagir avec nous.

Le grand tamanoir **griffe** les troncs pour marquer son territoire et y dépose une odeur à l’aide d’une glande située sur ses fesses Pratique pour reconnaître un congénère qui est passé par là !

Quand ils sortent de leur œuf, un peu perdus, les bébés caïmans noirs **appellent** leur mère, qui arrive aussitôt pour les mettre en sécurité.

Le poisson couteau à bandes **génère de l'électricité** ! Il l'utilise pour percevoir l'environnement autour de lui, un peu comme les chauves-souris avec leurs cris. Chaque individu produit son électricité et apporte en quelque sorte sa touche personnelle, comme la fréquence d une radio (le numéro pour l'écouter en voiture). Ils peuvent ainsi se reconnaître. Mais si un poisson s'approche trop près de son voisin, attention à la décharge !

RENCONTRES DANS LE DÉSERT

Dans un milieu aussi chaud et sec que le Sonora, un désert du sud-ouest des États-Unis, bien communiquer peut s'avérer vital.

Ensemble, on est plus forts ! Les buses de Harris vivent et chassent en groupe, c'est plus efficace pour trouver à manger. Quand elles s'entendent bien, elles **se grimpent sur le dos** !

La femelle serpent à sonnette donne naissance à de petits serpenteaux capables de se déplacer et de suivre l'odeur de leur mère ! S'ils restent en groupe, ils sont en sécurité. En cas de mauvaise rencontre, elle **secoue sa queue** bruyamment pour faire fuir les prédateurs et les protéger.

Pour nourrir son petit, la femelle chauve-souris à long nez du Mexique parcourt plusieurs centaines de kilomètres. Pendant qu'il l'attend dans une grotte avec le reste de la colonie, elle part chercher des fleurs de cactus en suivant leur odeur, se couvre de pollen, boit leur nectar et lui en rapporte. C'est la fête à son retour !

Chez les scorpions velus du désert, les amoureux **se tiennent par la pince**. Cette « promenade à deux » permet en fait au mâle d'éviter de se faire manger par la femelle... Pas si romantique, oups !

Quand l'engoulevent de Nuttall est menacé, il ouvre grand son bec et **siffle** comme un serpent ou pousse un cri pour donner l'alerte aux autres. Puck, puck, puck !

COMMUNIQUER ENSEMBLE, MÊME QUAND ON EST DIFFÉRENT !

Si tu as des animaux de compagnie, tu les vois parfois jouer ensemble, dormir les uns contre les autres, se dire bonjour… Ils peuvent arriver à se comprendre même s'ils ne sont pas de la même espèce.

Nos animaux savent aussi s'adapter à nous : les chiens **modifient leur expression** lorsqu'on les regarde, et les chats **modulent leur miaulement** en notre présence. Cela leur permet d'obtenir plus facilement ce qu'ils veulent, comme une caresse, de la nourriture…

En dehors de la maison,
beaucoup d'espèces sauvages **s'entraident** !
Lorsqu'ils se font attaquer par les coccinelles,
les pucerons envoient un signal chimique,
et les fourmis, qui se nourrissent de leur miellat,
arrivent à la rescousse pour **les protéger**.

En Inde, les cerfs axis,
au sol, et les singes langurs,
dans les arbres, montent la garde
et **se préviennent mutuellement**
de l'arrivée d'un prédateur
en poussant des cris d'alarme !

Le labre nettoyeur **enlève les parasites**
de la peau des autres poissons. Pour les inviter
à venir, il exécute une petite danse, et les clients
s'approchent, prêts à se faire toiletter.

QUAND LA COMMUNICATION EST TROMPEUSE

Les animaux transmettent parfois de fausses informations à leurs congénères pour obtenir quelque chose d'avantageux. Ils sauraient « mentir », en quelque sorte !

Quand les mésanges poussent de **faux cris d'alarme**, les autres fuient en croyant qu'un prédateur arrive. Elles peuvent alors manger la nourriture de celles qui sont parties.

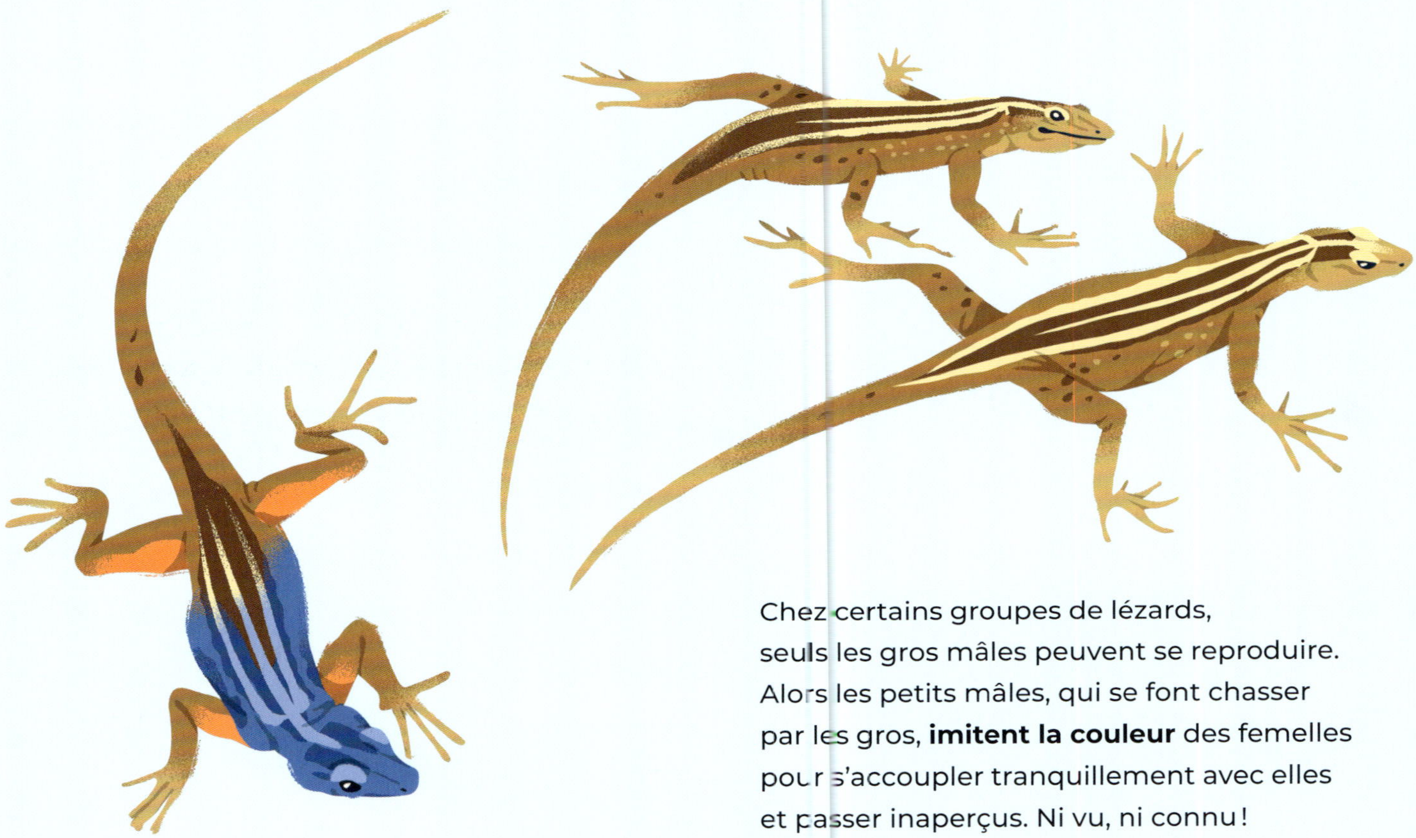

Chez certains groupes de lézards, seuls les gros mâles peuvent se reproduire. Alors les petits mâles, qui se font chasser par les gros, **imitent la couleur** des femelles pour s'accoupler tranquillement avec elles et passer inaperçus. Ni vu, ni connu !

On peut aussi chercher à se tromper entre espèces différentes !

Les lucioles carnivores femelles **imitent les signaux** lumineux clignotants d'autres sortes de lucioles pour attirer les mâles qui pensent trouver une partenaire. Mais à l'arrivée... ils se font manger !

Les coucous déposent un œuf dans les nids d'autres oiseaux. Comme il éclot en premier, le bébé coucou a le temps de **se débarrasser** des autres œufs. Il pousse des cris qui stimulent ses parents adoptifs à le nourrir, même s'il n'est pas leur vrai petit.

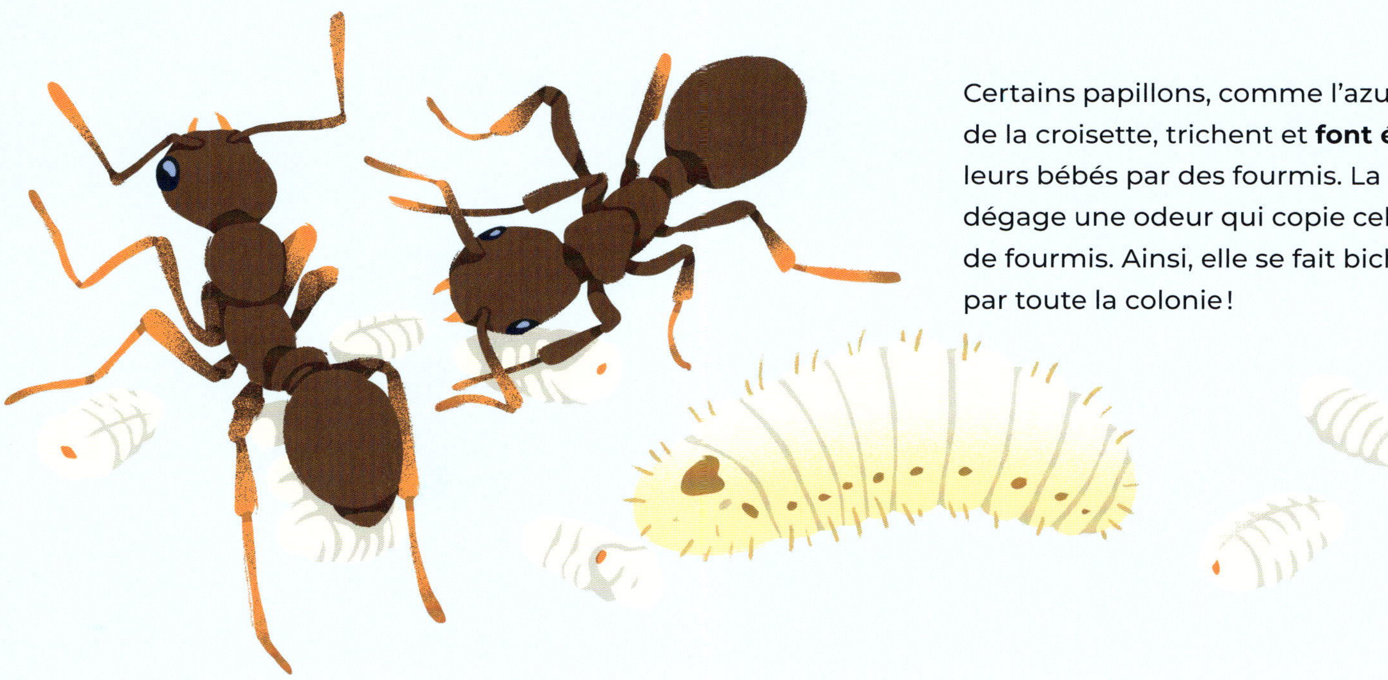

Certains papillons, comme l'azuré de la croisette, trichent et **font élever** leurs bébés par des fourmis. La chenille dégage une odeur qui copie celle des larves de fourmis. Ainsi, elle se fait bichonner par toute la colonie !

NOTRE PLANÈTE EST PRÉCIEUSE, PROTÉGEONS-LA !

Tous les animaux, humains compris,
communiquent énormément !
Grâce à la vue, aux sons,
au toucher ou aux odeurs,
chaque individu arrive
à transmettre des informations
importantes pour sa **survie** :
trouver de la nourriture,
créer des liens sociaux,
trouver un ou une partenaire,
s'occuper des petits…

Mais n'oublie jamais que **nous ne percevons pas tout** :
les autres espèces utilisent parfois des moyens de communication
que nous ne voyons pas (comme les rayons ultraviolets),
que nous n'entendons pas (comme les infrasons et ultrasons)
ou que nous ne sentons pas (comme les phéromones).

Les scientifiques ont récemment découvert que même les plantes s'échangent des informations : elles communiquent grâce à leurs racines et s'envoient des signaux pour se prévenir de l'arrivée de prédateurs, par exemple. Et les microbes aussi : virus, bactéries et champignons ! On a longtemps cru que la communication était le propre des animaux, mais on se rend compte que c'est le **propre du vivant** en général !